¿Qué acabo de comer?

Fracciones, números decimales y porcentajes

Aubrie Nielsen

Asesoras

Pamela Dase, M.A.Ed.
Maestra certificada por la Junta Nacional
Barbara Talley, M.S.
Universidad de Agricultura y Mecánica de Texas

Créditos de publicación

Rachelle Cracchiolo, M.S.Ed., *Editora comercial*
Emily R. Smith, M.A.Ed., *Vicepresidenta superior de desarrollo de contenido*
Véronique Bos, *Vicepresidenta de desarrollo creativo*
Caroline Gasca, M.S.Ed., *Gerenta general de contenido*
Robin Erickson, *Directora superior de arte*

Créditos de imágenes

Portada Tischenko Irina/Ali Ender Birer/Shutterstock; pág.1 Tischenko Irina/Ali Ender Birer/Shutterstock; pág.3 Morgan Lane Photography/Shutterstock; pág.4 (superior) holbox/Shutterstock, (inferior) Monkey Business Images/Shutterstock; págs.4–5 iStockphoto; pág.5 Patti Spada; pág.6 Le Do/Shutterstock; págs.6–7 Newscom; pág.7 Newscom; pág.8 (izquierda) Yurchyks/ Imageman/Shutterstock, (derecha) Tim Bradley; págs.8–9 Quayside/Shutterstock; pág.9 (superior) Jiri Hera/Shutterstock, (inferior) James E. Knopf/Shutterstock; pág.10 (izquierda) Blue Lemon Photo/Shutterstock, (derecha) Cathleen A. Clapper/ Shutterstock; pág.11 Evgeny Karandaev/Shutterstock; pág.12 (superior) iStockphoto, (inferior) Evgenia Sh./Shutterstock; pág.13 (izquierda) KML/Shutterstock, (derecha) James Cavallini/Custom Medical Stock Photo; pág.14 (izquierda) Nitr/ Shutterstock, (derecha) Jaimie Duplass/Shutterstock; págs.14–15 Ruslan Kudrin/ Shutterstock; pág.15 Bajinda/Shutterstock; pág.16 Robyn Mackenzie/Shutterstock; págs.16–17 Jiang Hongyan/Shutterstock; pág.17 Stephen VanHorn/Shutterstock; pág.18 Photocrea/Shutterstock; págs.18–19 (inserto) Tim UR/Shutterstock, (fondo) msheldrake/Shutterstock; pág.19 Mazzzur/ Shutterstock; pág.20 Robert Gubbins/Shutterstock; págs.20–21 Stephanie Frey/Shutterstock; pág.22 Nayashkova Olga/ Shutterstock; pág.23 (inserto) Petrmohyla/Shutterstock, (fondo) Maljalen/Shutterstock; págs.24–25 Chepko Danil Vitalevich/ Shutterstock; pág.25 Valentyn Volkov/Shutterstock; pág.26 (izquierda) Christophe Testi/Shutterstock, (derecha) Stephen VanHorn/Shutterstock; págs.26–27 Anthony Berenyi/ Brian A Jackson/Shutterstock; pág.28 (izquierda) Newscom, (derecha) Marc Dietrich/Shutterstock

5482 Argosy Avenue
Huntington Beach, CA 92649
www.tcmpub.com

ISBN 979-8-7659-6058-5

© 2024 Teacher Created Materials, Inc.
Printed by: 51497
Printed in: China

Tabla de contenido

¿Qué hay en mi almuerzo?

¡Me encanta la comida! Me gusta la comida de otros países, como el *sushi*, los curris y los tamales. Me atrevo a todo en la mesa y me encanta probar platos nuevos. ¡Pero también me gustan la *pizza*, las hamburguesas y los dulces! A veces me pregunto qué contiene exactamente la comida que me gusta.

Hoy, mi equipo de natación organizó una parrillada para festejar el final de la temporada. Todos llevamos cosas para compartir. Yo ayudé a cocinar los perritos calientes. Cuando terminamos de hacerlos, me serví uno. También comí un poco de gelatina y tomé una lata de refresco.

Todos mis compañeros de equipo invitaron a sus familias. Éramos cuarenta en total, así que había un montón de comida.

El mole es una salsa típica de la cocina mexicana.

El pollo *tikka masala* es un conocido platillo de la India.

Menú de la parrillada

Cantidad total de comida de la parrillada:

perritos calientes	28.127 libras
pan para los perritos	6.843 libras
gelatina	14.300 libras
ensalada de frutas	27.500 libras
maíz	18.530 libras
pastel	+ 5.000 libras
	100.3 libras

Siempre suma o resta los dígitos que tienen el mismo valor de posición. Recuerda alinear los puntos decimales si escribes los números en una columna.

¿Qué hay dentro de mi perrito caliente?

Yo sé lo que me gusta ponerle a mi perrito caliente: ¡kétchup, mostaza y cebolla! Pero ¿cómo es por dentro? He decidido averiguar de qué están hechos los perritos calientes.

Resulta que hay muchos tipos de perritos: de carne de res, de pavo y perritos vegetarianos, hechos de tofu.

Los ingredientes de mi perrito son carne de res, carne de cerdo, agua, sal y algo llamado "pavo separado mecánicamente". Aprendí que el pavo separado mecánicamente tiene una textura blanda, como una pasta. Se hace pasando pavo (con huesos y todo) por un **cedazo**. Mi perrito caliente también contiene jarabe de maíz y varios ingredientes que son difíciles de pronunciar. Nunca imaginé que un perrito tendría todo eso.

Un paquete de pan para perritos calientes pesa alrededor de 1 libra (453.6 gramos). En la parrillada usamos 7 paquetes de pan. ¿Cuántos gramos de pan para perritos había?

$$
\begin{array}{r}
453.6 \\
453.6 \\
453.6 \\
453.6 \\
453.6 \\
453.6 \\
+\ 453.6 \\
\hline
3{,}175.2 \text{ gramos}
\end{array}
\qquad O \qquad
\begin{array}{r}
453.6 \\
\times\ \ \ 7 \\
\hline
3{,}175.2 \text{ gramos}
\end{array}
$$

Lugares decimales

¿Te diste cuenta de que hay un dígito en el lugar decimal en el producto de 453.6 y 7? Es porque en total hay un dígito en los lugares decimales de los números que se multiplicaron.

El tofu se hace con leche de soja. La leche de soja se cuaja y se prensa para formar bloques blandos y blancos. El tofu viene de China y se usa mucho en la cocina asiática. Tiene un gusto muy suave y es fácil saborizarlo.

Un perrito caliente pesa 45 gramos. Alrededor del 1 por ciento (1 %) es sodio. Para hallar la parte de sodio, usa la siguiente expresión: 45 × 0.01 *(0.01 es **equivalente** a 1 %. Para convertir un **porcentaje** en un número decimal, divídelo entre 100. El punto decimal se moverá dos lugares a la izquierda).*

Multiplicar números decimales

Paso 1: Quita los decimales. Multiplica. $45 \times 1 = 45$

Paso 2: Cuenta cuántos lugares decimales hay
en los **factores** (2 lugares decimales). $45 \times 0.\underline{01}$

Paso 3: Coloca el punto decimal en el producto. 0.45

Parte de sodio: $45 \times 0.01 = 0.45$ gramos

procesamiento de carne en una fábrica

EXPLOREMOS LAS MATEMÁTICAS

a. En la parrillada, la ensalada de frutas tenía 4,082.4 gramos de fresas, 2,721.6 gramos de uvas y 2,313.36 gramos de piña. ¿Cuántos gramos de fruta había en la ensalada?

b. El año que viene, pensamos llevar a la parrillada el doble de maíz y el triple de gelatina. ¡Son casi 50 libras más de comida! Usa la información de la página 5 para calcular cuánto llevaremos de cada producto a la próxima parrillada.

¿Qué hay dentro de mi gelatina?

Es divertido comer gelatina. Me encantan los diferentes colores y sabores y su textura única. Pero ¿qué hay exactamente en este postre tembloroso?

Mi abuelo suele hacer gelatina. He visto cómo disuelve el paquete de polvo en agua caliente, lo pone en una fuente y lo guarda en el refrigerador para que se enfríe. Me pregunto qué hay en ese polvo que se mezcla con agua y se transforma en una delicia tan colorida y ondulante.

Una fuente de gelatina está cortada en 30 porciones. Comimos el cuarenta por ciento (40 %). ¿Cuántas porciones comimos? Cuarenta por ciento es lo mismo que 4 de 10. Como en 30 hay 3 grupos de 10, sabemos que comimos 4 porciones de cada grupo, lo que son 12 porciones en total. El cuarenta por ciento de 30 es 12.

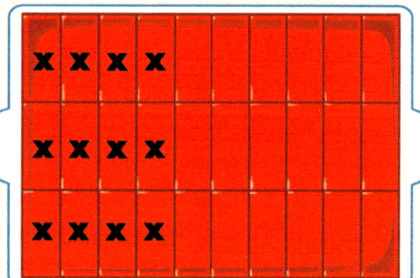

También podemos hallar la respuesta multiplicando 30 por 40 %. Convierte el porcentaje en un número decimal y multiplica:

$$30 \times 0.4 = 12$$

Aprendí que la gelatina se usa en muchos productos alimenticios que tienen una textura gomosa o, precisamente, gelatinosa, como las gomitas y los malvaviscos. También se usa en algunos cosméticos. La gelatina se hace con colágeno. El colágeno de la gelatina proviene de los huesos y las pezuñas de ciertos animales.

Me di cuenta de que mi compañero de equipo Tejal no comió gelatina en la parrillada. Tejal es vegetariano. Muchos vegetarianos prefieren no comer gelatina, dado que viene de los animales.

¿De qué está hecho mi refresco?

Es un día caluroso, pero por suerte tengo una lata fría de refresco para beber. En general, cuando como en casa, tomo leche o agua, pero, cada tanto, me sirvo un vaso de un refresco lleno de burbujas. El primer ingrediente de mi refresco es agua carbonatada. Ahora sé que el agua carbonatada se hace disolviendo dióxido de carbono en agua. Eso hace que el refresco sea efervescente, es decir, con burbujas.

El segundo ingrediente es jarabe de maíz de alta fructosa. Le da el sabor dulce al refresco. El jarabe de maíz de alta fructosa se hace con maíz y se usa para endulzar muchos alimentos porque es más barato que el azúcar.

¿Qué son las calorías?

Una caloría es una unidad de energía. La energía que obtenemos de la comida se mide en calorías. Las personas necesitan una cantidad mínima de calorías al día para mantenerse saludables.

Una lata de refresco Poca Azúcar tiene 98.2 calorías. Una lata de refresco Superdulce tiene un 30 % más de calorías que Poca Azúcar. Sigue los pasos para hallar la cantidad de calorías de Superdulce. En los problemas **a** y **b** se usa un método para hallar el aumento porcentual. En el problema **c** se usa otro método.

a. Halla 98.2×0.3. Esa es la diferencia (en calorías) entre los dos refrescos.

b. Suma el resultado del problema **a** a 98.2 para hallar la cantidad de calorías de Superdulce.

c. Multiplica 98.2 por 1.3 para hallar la cantidad de calorías de Superdulce. (*Pista:* un aumento del 30 % es lo mismo que el 130 % de la cantidad original).

d. Tus respuestas para los ejercicios **b** y **c** deberían ser iguales. Explica por qué son iguales.

e. Un tercer tipo de refresco tiene un 48 % más de calorías que Poca Azúcar. ¿Cuántas calorías tiene? Redondea tu respuesta a la centésima más próxima.

Mi refresco también tiene colorante, saborizante y, como es de cola, tiene **cafeína**.

La cafeína puede darte una "inyección" de energía. Es seguro tomar un poco de cafeína, pero en exceso puede causar dolor de cabeza, falta de sueño e incluso ansiedad. Muchas empresas de refrescos fabrican una versión sin cafeína para las personas a las que les gusta el refresco pero no quieren cafeína.

Cafeína

La cafeína se obtiene de los granos de café y las hojas de té. También se encuentra en las semillas, hojas y frutos de algunas plantas. No es venenosa para el ser humano, pero funciona como **pesticida** y paraliza o mata a algunos insectos que intentan comerse las plantas.

Cena en casa de Aidan

Después de la parrillada, fui a casa de Aidan, un compañero del equipo. Su familia me invitó a cenar. En su casa se fijan mucho en lo que comen, porque Aidan tiene diabetes tipo 1.

Una vez, Aidan me explicó que las células del cuerpo necesitan el azúcar que viene de los alimentos. Muchos alimentos contienen **carbohidratos**, que nuestro cuerpo descompone en distintas formas de azúcar. Esos azúcares tienen que entrar en las células de alguna manera. La insulina funciona como una llave que les permite a los azúcares entrar en las células. La insulina es una hormona que produce nuestro cuerpo.

Como Aidan tiene diabetes tipo 1, su cuerpo no produce suficiente insulina. Sus propios glóbulos blancos destruyen las células que producen insulina.

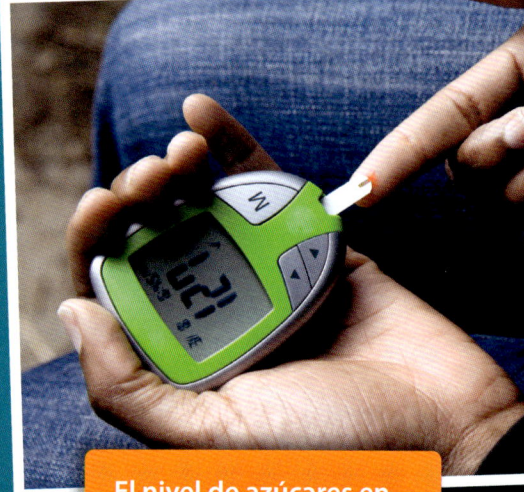

El nivel de azúcares en sangre se controla con un medidor de glucosa.

Estos alimentos son especialmente ricos en carbohidratos.

Diferentes tipos de diabetes

Hay diferentes clases de diabetes. Solo un 5 % de las personas con diabetes tienen el tipo 1. La diabetes tipo 1 generalmente **se diagnostica** en niños y en adultos jóvenes. La diabetes tipo 2 es la forma más común de la enfermedad y afecta a personas de todas las edades. La **obesidad** y la falta de actividad física son factores importantes en el desarrollo de diabetes tipo 2.

Aidan tiene diabetes tipo 1 desde hace 6.25 años (seis años y tres meses). Se mide el azúcar en sangre unas ocho veces al día. Eso significa que se ha medido el azúcar en sangre alrededor de $8 \times 6.25 \times 365$ veces. ¡Son 18,250 mediciones!

Debido a que su cuerpo no produce insulina, Aidan debe tomar insulina todos los días. Se aplica unas cuatro inyecciones de insulina al día. Eso significa que se ha aplicado $4 \times 6.25 \times 365$ inyecciones, es decir, 9,125. Aidan espera que, algún día, se encuentre una cura para la diabetes.

insulina

molécula de insulina

EXPLOREMOS LAS MATEMÁTICAS

Los médicos recomiendan consumir 271 gramos de carbohidratos al día para estar saludables. Leila tiene diabetes. Su médica le recomendó consumir 52 % menos de carbohidratos por día.

a. ¿Cuántos gramos menos de carbohidratos debe consumir Leila por día?

b. ¿Cuántos gramos de carbohidratos puede comer Leila por día?

c. Si Leila tuviera que comer 70 % menos gramos de carbohidratos, ¿cuántos gramos podría comer por día?

En casa de Aidan prepararon espaguetis. Estaban tan deliciosos que los dos dejamos el plato limpio. Aidan tenía que determinar la cantidad de carbohidratos que había comido para poder aplicarse la cantidad correcta de insulina. Me mostró cómo lo hacía, leyendo la etiqueta de información nutricional en el frasco de salsa de tomate.

Aidan me explicó que la salsa, como otros alimentos, contiene **nutrientes**. Las grasas, los carbohidratos, las proteínas, el agua, las vitaminas y los minerales son nutrientes.

Información nutricional

Tamaño de la porción: 1 taza

Grasas	1.200 gramos
Carbohidratos	11.268 gramos
Proteínas	3.032 gramos
Agua	106.300 gramos
Otros	3.400 gramos
Total	125.2 gramos

Primero, Aidan me mostró qué porcentaje de la salsa son carbohidratos. Me recordó que 11.268 gramos de 125.2 gramos de la salsa son carbohidratos. Me pidió que dividiera 11.268 entre 125.2. Lo hice y vi que el cociente era 0.09. Cuando convertí 0.09 en un porcentaje, hallé que el 9 % de la salsa eran carbohidratos.

$$125.2\overline{)11\,2.68} = 0.09$$

$$-11\,2\,68$$

$$0$$

Observa que movemos el punto decimal en el **divisor** y en el **dividendo** para hacer una división entre un número entero.

$$100 \times 0.09 = 9\,\%$$

Convertir un número decimal en un porcentaje

Mover el punto decimal dos lugares hacia la derecha es lo mismo que multiplicar por 100. Cuando convertimos un número decimal en un porcentaje, mostramos qué parte de 100 es.

El tomate es un ingrediente básico de la salsa para los espaguetis. En un momento, se pensaba que era venenoso, pero hoy es un fruto muy popular. Hay miles de variedades de tomate.

Una forma en que Aidan cuida su nivel de azúcar en sangre es comiendo muchos vegetales y evitando los alimentos con harinas, que tienen muchos carbohidratos. Uno de sus vegetales favoritos es el brócoli. Los dos comimos una generosa porción de brócoli en la cena, junto con los espaguetis.

¡Aidan sabe mucho sobre el brócoli! Me contó que el brócoli tiene el doble de vitamina C que la naranja y casi tanto calcio como un vaso de leche. Además, está lleno de antioxidantes, que ayudan a prevenir enfermedades como el cáncer y las enfermedades cardíacas.

Entre los alimentos ricos en antioxidantes están el té verde, los pistachos, los arándanos rojos, el aguacate, el tomate, las lentejas ¡y hasta el chocolate amargo!

La ingesta diaria recomendada

La Junta de Alimentos y Nutrición del Instituto de Medicina publica una guía de pautas sobre la cantidad de nutrientes y calorías que necesita una persona por día para mantenerse saludable. Una de estas pautas es la ingesta diaria recomendada (RDA, por sus siglas en inglés). Indica cuál debería ser la ingesta, o el consumo, promedio basada en una dieta de 2,000 calorías por día.

Calorías 25 por porción

Calorías de grasas 0
aproximadamente

% del valor diario*

Grasas totales 0g

Grasas saturadas 0g

Grasas trans 0g

Colesterol 0mg · · · · · · · · · · 0%

Sodio 340mg · · · · · · · · · · 0%

Carbohidratos total

Fibra aliment·

·care··· · · · · · · · · · · · 0%

COCCIÓ
MICROON
Y REVOLVE

PAR
SART
PROBA

EXPLOREMOS LAS MATEMÁTICAS

a. Observa la información nutricional de una porción de salsa para espaguetis en la página 14. ¿Qué porcentaje de cada porción de salsa es agua? ¿Qué porcentaje de cada porción de salsa son proteínas? Redondea tus respuestas a la décima más próxima.

b. Una porción de brócoli tiene 6 gramos de carbohidratos. La ingesta diaria recomendada de carbohidratos es 130 gramos. ¿Qué porcentaje de la ingesta diaria recomendada de carbohidratos hay en una porción de brócoli? Redondea tu respuesta a la décima más próxima.

Una sola porción de brócoli tiene toda la vitamina C que una persona necesita en un día. De hecho, tiene el 135 por ciento de la ingesta diaria recomendada. Aidan me dijo que la mayoría de los vegetales de color verde oscuro tienen niveles altos de vitaminas y nutrientes. A mí me encantan los vegetales y me parece genial saber que están llenos de cosas que mi cuerpo necesita.

Omelet en el desayuno

En mi familia nos gusta cocinar, así que tratamos de preparar el desayuno juntos todos los fines de semana. Después de aprender con Aidan los beneficios para la salud que tienen los vegetales, quise hacer un desayuno lleno de cosas verdes. Encontré una receta de omelets y decidimos probarla esta mañana.

La receta dice que el omelet lleva $1\frac{1}{2}$ tazas de cebolla, $2\frac{3}{4}$ tazas de pimiento y $1\frac{5}{8}$ tazas de setas.

Para hallar la cantidad total de estos ingredientes, suma los números mixtos.

Paso 1: Halla un denominador común. Intenta que sea el **mínimo común denominador (m. c. d.)**.

$$1\frac{1}{2} + 2\frac{3}{4} + 1\frac{5}{8}$$
$$1\frac{1}{8} + 2\frac{1}{8} + 1\frac{1}{8}$$

Paso 2: Halla fracciones equivalentes.

$$1\frac{4}{8} + 2\frac{6}{8} + 1\frac{5}{8}$$

Paso 3: Suma los números enteros y suma las fracciones. Recuerda que, para sumar fracciones, solo se suman los numeradores. Los denominadores no cambian.

$$4\frac{15}{8}$$

Paso 4: Simplifica la **fracción impropia**. Divide el numerador entre el denominador para obtener un número mixto.

$$4 + 1\frac{7}{8}$$

Paso 5: Suma los números enteros y escribe el resultado final en forma de número mixto.

$$5\frac{7}{8} \text{ tazas}$$

Cómo hallar el mínimo común denominador (m. c. d.)

Primero, escribe los **múltiplos** de cada uno de los denominadores. Detente cuando halles un múltiplo que compartan todos. Ese es el m. c. d.

2: 2, 4, 6, ⑧

4: 4, ⑧

8: ⑧

El primer paso en la receta es **saltear** las cebollas y los pimientos verdes en mantequilla. Los cociné unos cinco minutos, hasta que estuvieron tiernos. Mientras se cocinaban los vegetales, batí los huevos con un poco de leche en un tazón. Les agregué sal, pimienta y algunas hierbas para darles sabor. Una de las cosas que más me gusta de cocinar es ser creativo y usar ingredientes originales.

Las setas, en realidad, no son vegetales, sino que son **hongos**. A diferencia de los vegetales, los hongos no tienen hojas, raíces ni semillas. Tampoco necesitan la luz para crecer.

EXPLOREMOS LAS MATEMÁTICAS

a. Usé tres hierbas en los omelets: $1\frac{1}{3}$ cucharaditas de orégano, $1\frac{1}{4}$ cucharaditas de tomillo y $\frac{1}{8}$ de cucharadita de salvia. ¿Cuántas cucharaditas de hierbas usé en total?

b. La receta indicaba $1\frac{1}{4}$ cucharaditas de sal, pero decidí usar $\frac{2}{3}$ de cucharadita menos. ¿Cuánta sal puse en los omelets?

Mi hermana me ayudó rallando el queso mientras yo cocinaba los huevos. Cuando los huevos estuvieron listos, mi hermana espolvoreó el queso y colocó los vegetales cocidos en el centro del omelet. Entonces plegué el omelet y lo cociné unos minutos más para derretir el queso. Es todo un desafío dar vuelta el omelet para que se cocine de ambos lados. Luego, lo puse en un plato y empecé a cocinar el siguiente omelet.

Cómo simplificar fracciones

Para simplificar una fracción, divide el numerador y el denominador entre el **máximo factor común (m. f. c.)**. Cuando una fracción está en su **mínima expresión**, el m. f. c. del numerador y del denominador es 1.

Decidimos poner una mezcla de diferentes quesos en los omelets. La receta indicaba $\frac{3}{4}$ de libra de queso. Decidimos que $\frac{2}{3}$ de esa cantidad fuera queso cheddar. ¿Qué cantidad de queso cheddar usamos?

qc	qc	qc	
qc	qc	qc	

qc = queso cheddar

Multiplicamos las fracciones y hallamos que necesitábamos $\frac{1}{2}$ libra de queso cheddar.

$$\frac{2}{3} \times \frac{3}{4} = \frac{2 \times 3}{3 \times 4} = \frac{6}{12}$$

Simplificar: $\frac{6}{12} \div \frac{6}{6} = \frac{1}{2}$

Una receta de salsa picante lleva $\frac{3}{4}$ de taza de cebolla.

a. ¿Cuánta cebolla se necesita para hacer la mitad de la receta?

b. ¿Cuánta cebolla se necesita para hacer el doble de la receta?

c. ¿Cuánta cebolla se necesita para aumentar la receta $2\frac{1}{2}$ veces?

d. Suma la respuesta del problema **a** y la del problema **b**. ¿Qué relación hay entre esta suma y la respuesta del problema **c**?

En mi familia nos gusta ponerle salsa picante al omelet. La salsa es una de las especialidades de mi mamá. Ya la hizo tantas veces que no necesita la receta. Empieza por triturar los tomates y después les agrega chiles, cebolla, ajo y cilantro picados.

Mi mamá hizo 30 onzas de salsa. $\frac{5}{6}$ de la salsa es tomate. ¿Cuántas onzas de tomate hay en la salsa? $\frac{5}{6}$ de 30 es 25. Hay 25 onzas de tomate en la salsa.

$$30 \times \frac{5}{6} = \frac{30}{1} \times \frac{5}{6} = \frac{30 \times 5}{1 \times 6} = \frac{150}{6} = 25$$

Invitamos a desayunar a mis tíos y a mis primos y yo preparé omelets para todos. Nos sentamos a comer y nos fuimos pasando la salsa picante. Cuando me la pasaron, quedaban $\frac{5}{6}$ de la salsa. Quería asegurarme de que alcanzaría para mi hermana y mis tres primos, así que dividí $\frac{5}{6}$ entre cinco y descubrí que cada uno podía servirse $\frac{1}{6}$ de la salsa que quedaba.

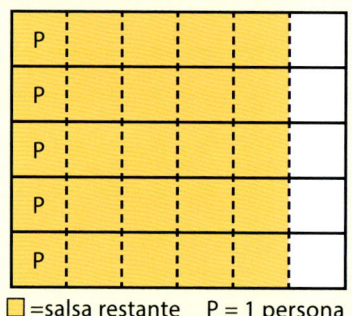

☐ =salsa restante   P = 1 persona

$\frac{5}{6} \div 5$ es lo mismo que $\frac{5}{6} \div \frac{5}{1}$

Paso 1: Multiplica por el **recíproco**. $\frac{5}{6} \times \frac{1}{5} = \frac{5}{30}$

Paso 2: Simplifica. $\frac{5}{30} \div \frac{5}{5} = \frac{1}{6}$

Observa que dividir entre 5 es equivalente a multiplicar por $\frac{1}{5}$.

¿Fruta o verdura?

Muchas personas no saben si el tomate es una fruta o una verdura. Científicamente, el tomate es una fruta porque se desarrolla a partir de una flor y contiene las semillas de la planta. Muchas personas lo consideran una verdura porque no es tan dulce como otras frutas. Los pepinos, los calabacines, los ayotes, los aguacates, los pimientos, los guisantes y las calabazas son otras frutas que muchas personas consideran verduras.

Todos bebimos leche en el desayuno. La leche tiene mucho calcio, que fortalece los huesos y los dientes. También tiene proteínas, que son una fuente de energía, y, además, muchas vitaminas y nutrientes. La leche descremada tiene solo 102 calorías por porción y es parte de una dieta saludable.

Bebimos $1\frac{1}{4}$ galones de leche. Una porción de leche es $\frac{1}{16}$ de galón. ¿Cuántas porciones de leche tomamos?

Cada barra está dividida en dieciseisavos para mostrar el tamaño de una porción. Queremos hallar cuántas porciones de $\frac{1}{16}$ hay en $1\frac{1}{4}$ galones de leche. Observa que hay $1\frac{1}{4}$ barras coloreadas. Cuenta las porciones de $\frac{1}{16}$ y verás que hay 20.

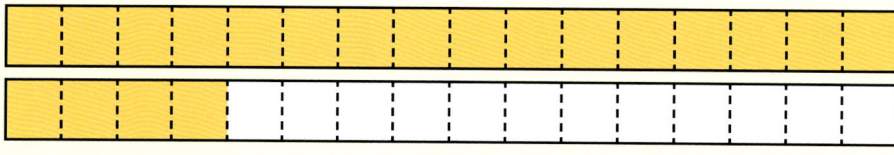

$$1\frac{1}{4} \div \frac{1}{16} = 1\frac{1}{4} \times \frac{16}{1} = \frac{5}{4} \times \frac{16}{1} = \frac{80}{4} = 20$$

Observa que dividir entre $\frac{1}{16}$ es equivalente a multiplicar por 16.

Entre un 85 % y un 95 % de la leche es agua. La textura cremosa se debe a los componentes restantes, entre el 5 % y el 15 %, que son vitaminas, proteínas, carbohidratos y grasas.

Fracciones impropias

Para simplificar una fracción impropia, divide el numerador entre el denominador. Puedes obtener un número entero o un número mixto. Si obtienes un número mixto, recuerda simplificar la fracción.

Pensar en la comida

Nunca había pensado mucho en lo que como. Fue muy interesante analizar las comidas que comí estos últimos días. Me sorprendieron algunos ingredientes que tienen las cosas que como, y prestaré más atención a las etiquetas de información nutricional en el futuro. Es importante pensar en lo que comes para saber que estás tomando decisiones saludables y consumiendo los nutrientes que tu cuerpo necesita. Después de tu próxima comida, trata de preguntarte: "¿Qué acabo de comer?".

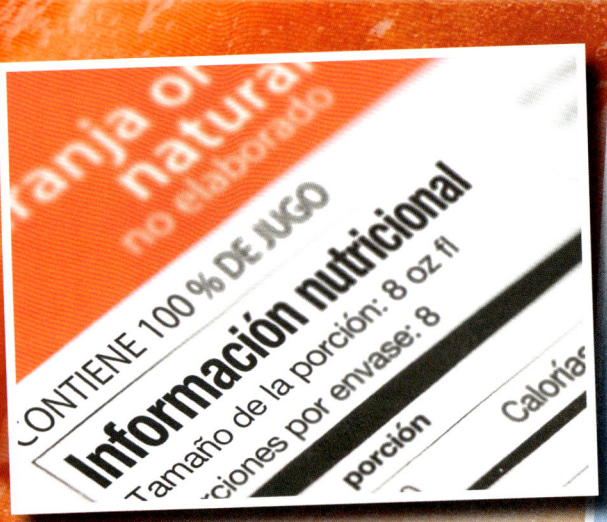

Las etiquetas de información nutricional

En muchos países, es obligatorio que los alimentos empaquetados tengan etiquetas de información nutricional. Las etiquetas dicen cuántas calorías y nutrientes contiene una porción del producto. ¡Fíjate bien qué tamaño de porción se indica! Aunque el paquete parezca contener una sola porción, quizá la información nutricional sea la de una porción más pequeña.

EXPLOREMOS LAS MATEMÁTICAS

a. ¿Cuántas porciones de $\frac{1}{4}$ de taza hay en 3 tazas de yogur helado?

b. ¿Cuántas porciones de $1\frac{3}{4}$ libras hay en una bolsa de arroz de $5\frac{1}{2}$ libras?

c. ¿Cuántas porciones de $\frac{5}{12}$ de onza hay en $\frac{7}{8}$ de onza de queso?

...de grasas   260

                                      80

Grasas totales 9g*   % **del valor**

Grasas saturadas 5g   **14 %**   **26**

Colesterol 0mg   **18 %**   **30 %**

Sodio 360 mg   **0 %**   **0 %**

Carbohidratos totales   **15 %**   **20 %**

Fibra alimentaria 1g   **15 %**   **16 %**

Azúcares 28g   **4 %**   **4 %**

...teínas 2g

...ina A

...na C.

La fábrica de papas fritas

Las fábricas deben asegurarse de que los alimentos que producen no tengan **contaminación**, como insectos y moho. También tienen que asegurarse de que los alimentos tengan el sabor correcto. Controlan que el tamaño y el color sean adecuados. Para comprobar la calidad, se examinan muestras del producto.

En una fábrica de papas fritas, se separan cuatro bolsas de papas fritas de cada lote para un control de calidad. Cada bolsa pesa 1.2 onzas.

¡Resuélvelo!

a. Las cuatro bolsas de papas fritas se mezclan para formar una muestra grande. ¿Cuánto pesa la muestra?

b. Después, la muestra se separa en seis muestras pequeñas. ¿Cuánto pesa cada una de las seis muestras?

c. Dos tercios de las muestras son del sabor clásico. ¿Cuánto pesan las muestras de sabor clásico?

d. Si la fábrica de papas fritas produce 100 bolsas de papas por lote, ¿qué porcentaje de las bolsas de cada lote no es sometido al control de calidad?

Usa estos pasos como ayuda para resolver los problemas.

Paso 1: Usa la suma repetida o la multiplicación para hallar el peso total de cuatro bolsas de papas fritas.

Paso 2: Divide la respuesta del problema **a** entre 6.

Paso 3: Multiplica la respuesta del problema **a** por $\frac{2}{3}$.

Paso 4: Resta la cantidad de bolsas examinadas de la cantidad de bolsas de papas fritas producidas. Escribe una fracción que muestre la cantidad de bolsas sin examinar sobre el total de bolsas del lote. Convierte la fracción en un número decimal dividiendo y luego multiplicando el resultado por 100.

Glosario

cafeína: una sustancia amarga presente en el café, el té, el cacao y algunos refrescos de cola

carbohidratos: sustancias presentes en algunos alimentos, que dan calor y energía a nuestro cuerpo y están formadas por carbono, hidrógeno y oxígeno

cedazo: una herramienta con muchos agujeros que se usa para separar trozos pequeños de otros más grandes o sólidos de líquidos

contaminación: la aparición de un material que no debería estar en un lugar

dividendo: el número que se divide

divisor: el número entre el que se divide otro número

equivalente: que tiene el mismo valor

factores: números que pueden dividir exactamente a otro número sin dejar residuo; los números que se multiplican entre sí para llegar a un producto

fracción impropia: una fracción en la que el numerador es mayor que el denominador, como $\frac{40}{2}$

hongos: seres vivos sin flor que viven sobre seres muertos o en descomposición

máximo factor común (m. f. c.): el mayor factor que comparten dos números

mínima expresión: se dice de una fracción en la que el numerador y el denominador no tienen ningún factor común mayor que 1

mínimo común denominador (m. c. d.): el menor de los múltiplos que comparten los denominadores de dos o más fracciones

múltiplos: los productos de un número entero y cualquier otro número entero

nutrientes: sustancias que las plantas, los animales y las personas necesitan para vivir y crecer

obesidad: una enfermedad que consiste en un gran exceso de peso

pesticida: una sustancia química que se usa para matar animales o insectos que dañan las plantas o los cultivos

porcentaje: una parte de un todo expresada en centésimos

recíproco: cualquiera de dos números (como $\frac{2}{3}$ y $\frac{3}{2}$) cuyo producto es 1

saltear: freír en una pequeña cantidad de materia grasa

se cuaja: se espesa y se separa en una parte sólida y otra líquida

se diagnostica: se identifica o reconoce como una enfermedad

Índice

Exploremos las matemáticas

Página 7:

a. 9,117.36 gramos

b. maíz: 37.06 libras; gelatina: 42.9 libras

Página 11:

a. 29.46 calorías

b. 127.66 calorías

c. 127.66 calorías

d. Las respuestas son iguales porque un 30 % de aumento en las calorías es lo mismo que el 130 % de las calorías originales (30 % = 0.3 y 130 % = 1.3).

e. 145.34 calorías

Página 13:

a. 140.92 gramos

b. 130.08 gramos

c. 81.3 gramos

Página 17:

a. agua: 84.9 %; proteínas: 2.4 %

b. 4.6 %

Página 19:

a. $2\frac{17}{24}$ cucharaditas

b. $\frac{7}{12}$ de cucharadita

Página 21:

a. $\frac{3}{8}$ de taza

b. $1\frac{1}{2}$ tazas

c. $1\frac{7}{8}$ tazas

d. $1\frac{7}{8}$ tazas; las respuestas son iguales.

Página 27:

a. 12 porciones

b. $3\frac{1}{7}$ porciones

c. $2\frac{1}{10}$ porciones

Resolución de problemas

a. 4.8 onzas

b. 0.8 onzas

c. 3.2 onzas

d. 96 %